AF462112

DE LA

CONSTITUTION DE L'ARMÉE

SOUS LA MONARCHIE DE 1830.

PARIS,
IMPRIMERIE DE GUIRAUDET ET JOUAUST,
RUE SAINT-HONORÉ, 315.

1840

AVANT-PROPOS.

14 janvier 1840.

Quelle heureuse et magnifique introduction à l'humble proposition qui va suivre que cette discussion sur la question d'Orient qui a rempli les deux dernières séances de la Chambre élective !

Quel sentiment de la grandeur de la France d'un côté, quel abaissement de sa situation de l'autre, quels amers reproches, de toutes parts, à cette administration, tout au moins devouée, qui préside en ce moment au gouvernement du pays ! comme si c'était à elle, à elle seule, que tout ce qui blesse ou alarme l'honneur national dût être attribué !

Mais à côté de tant de conseils et de critiques, à côté de cet appel énergique de tant d'esprits éclairés à la dignité de la France, à l'attitude qu'elle devrait avoir, à la force qu'elle devrait déployer, à cette volonté qui est la force, qui n'a pas remarqué cette absence de toute idée pratique quant aux moyens d'être forts et de soutenir une volonté quelconque.

Il serait donc possible, en effet, qu'alors que tout le monde veut être fort, ce fût une chose neuve que de chercher la force, et bien plus neuve encore de montrer où elle est.

Il serait donc possible qu'à cette France de juillet, qu'on voudrait rendre respectable et influente dans les négociations et dans les traités, on eût précisément oublié de donner ce qui fait la véritable force des négociations, une organisation militaire, une armée en harmonie avec les grands intérêts de la société française, et proportionnée aux intérêts ennemis et puissants qu'elle doit sans cesse surveiller et être toujours prête à contenir ou à combattre.

Mais, en attendant, l'Europe dit sans doute ou peut croire que toutes les forces de la France sont dans ses éléments révolutionnaires, et que tous ses grands intérêts, son gouvernement en tête, y sont sans cesse occupés à comprimer une révolution.

En attendant, à la tribune même de la France, une parole qui vient de conquérir sur le terrain politique ses titres *au droit divin et à la légitimité du talent*, proclame aussi que toute grande guerre aujourd'hui, même pour la France, sans doute, serait une révolution politique.

Eh bien! non ; pour la France, du moins, une grande guerre ne doit pas être nécessairement une révolution politique : car sa révolution politique est faite, à elle ; et la société nouvelle qu'elle a produite, après avoir mis quarante ans à se constituer, a constaté, en 1830, qu'elle était un fait accompli.

S'il y a donc quelque chose à organiser encore par elle, ce n'est ni elle-même, ni son gouvernement, mais c'est son armée et son administration.

Voilà la tâche à laquelle ses hommes n'ont pas suffi depuis 1830, et qu'il est temps enfin d'accomplir, si on ne veut que la faiblesse et la décomposition atteignent à sa naissance la société nouvelle.

Ayez des alliés, disent les uns ; passez-vous d'alliés, disent les autres.

Pourquoi négliger l'Autriche ? disent ceux-ci.

Pourquoi se subordonner à l'Angleterre ? disent ceux-là.

Pourquoi la France n'est-elle pas elle-même, c'est-à-dire redoutable et prépondérante ? disent les uns et les autres.

Eh ! mon Dieu, parce qu'il n'y a de force dans l'ordre que par l'organisation, et par une organisation qui embrasse toutes les conditions de force et de durée dans l'élément où il s'agit de vivre.

Conservation et développement, comme on l'a si bien dit avant-hier, c'est la loi des sociétés comme des individus ; mais les sociétés et les individus supposent l'organisation.

Or qu'organise-t-on en France depuis dix ans ?

Qui le sait ?

Ce n'est, en tous cas, ni l'armée ni l'administration d'une époque qui a été si largement et si pratiquement caractérisée par cette définition d'un prêtre :

« Celle de la propriété divisée et du triomphe de l'intelligence et de la morale par voie de concurrence. » (*Lacordaire.*)

Eh bien ! c'est cette situation qui réclame à la fois une armée pacifique et redoutable, une administration régulière, énergique et progressive, qui malheureusement n'a ni l'armée ni l'administration qui lui sont propres.

Mais du jour au lendemain, quand le pays le voudra, et quand il le dira assez haut pour que toutes ses grandes intelligences reprennent du cœur et lui obéissent, il aura l'un et l'autre.

Ce qui suit va peut-être le mettre sur la voie, et n'aura probablement pas d'autre mérite.

Ce qu'il y a de certain, c'est que, si l'idée est applicable et que le pays l'adopte, du jour où la nouvelle loi serait rendue, la France de Juillet et la Monarchie de 1830 auraient leur armée : car le système proposé, sans rien changer à ce qui est, sans porter la moindre atteinte aux droits des individus sous la législation actuelle, peut communiquer la vie et la force à l'ordre existant : la réserve actuelle, en effet, pourrait immédiatement s'instruire et produire, et toute l'armée active pourrait accepter la véritable profession des armes de l'époque.

Le système nouveau, dès aujourd'hui même, n'en irait pas moins grandissant, et dans cinq ans l'armée française à mettre sur pied, pour une grande guerre dans l'ordre, serait le double, en nombre, de l'armée possible aujourd'hui, et la surpasserait de bien plus encore par l'instruction et par son esprit à la fois national et conservateur.

Alors on aurait de l'influence en Orient, parce qu'on en aurait immensément dans l'Occident.

Alors on ne serait pas *à peu près rien* en Asie, parce qu'on serait beaucoup en Europe.

Alors les alliés *naturels* de la France y regarderaient de plus près avant de vouloir lui imposer leur politique, ou de se séparer de la sienne.

Alors on comprendrait mieux sans doute

cette politique de la paix qui n'exclut pas les conditions de grandeur et de dignité conciliables avec elle. (M. Thiers, séance du 13 janvier.)

Mais voyons l'idée, et consultons le pays.

DE LA

CONSTITUTION DE L'ARMÉE

SOUS LA MONARCHIE DE 1830.

EXPOSÉ. — ESSAI DE RÉDACTION D'UN PROJET DE LOI.
EXAMEN DU PROJET. — UNE NOTE.

Exposé.

Si ce qui va être exposé est une *idée*, c'est au public, en effet, qu'elle doit s'adresser.

Si elle est neuve, et d'une grande portée surtout, il faut que le public l'adopte pour qu'elle ait chance de vivre et de passer dans le domaine des faits.

Si elle est nationale, si elle doit satisfaire à une des conditions fondamentales de l'ordre établi, à l'un des grands besoins de la société actuelle, tous les esprits en doivent être frappés et saisis dès qu'elle sera bien comprise.

Les grands pouvoirs de l'état, la chambre élective elle-même, malgré la part qu'elle s'est faite dans l'administration du pays, ne sauraient suffire à la ***vulgarisation d'une idée.***

C'est donc au public que cet exposé s'adresse.

Après lui c'est à l'armée, qui y est le plus directement intéressée.

Mais c'est au roi et aux chambres aussi, comme expression légale de tous les intérêts publics.

Le titre seul de cette publication dit l'importance du sujet qui s'y traite. Sur ce point nul motif d'insister : toute démonstration serait superflue.

D'où vient l'idée et qui la produit, cependant, pourraient avoir quelque influence sur son sort. Il est bon qu'on le sache en conséquence.

Mais l'idée n'a d'autre origine que la pratique des affaires, et quelque expérience des hommes et des choses.

elui qui la produit, en effet, a connu l'armée durant cinq années de sa vie ; il a vécu au milieu d'elle de 1808 à 1814 ; il dirigeait, bien jeune encore, sous les ordres du maréchal Suchet, cette administration civile de l'Aragon et du royaume de Valence qui a laissé quelques souvenirs honorables pour le nom français au delà des Pyrénées. Et avec le maréchal Suchet il fallait administrer en combattant : car il était à la tête de son administration quand il commandait son armée, et à la tête de son armée quand il dirigeait son administration.

En 1814 l'auteur du projet est rentré dans la vie privée, mais s'y est constamment occupé d'intérêts positifs et d'affaires jusqu'en 1830, tout en absorbant ses loisirs dans l'étude des questions financières et dans la solution des problèmes économiques qui intéressaient à la fois sa vie industrielle et sa vie politique.

En 1830 les ordonnances de juillet le rendirent à la vie publique.

C'est au sein même de l'administration, où s'absorbait obscurément sa vie entière, que l'idée-mère du projet a grandi : car elle y a été appliquée dans ses éléments les plus actifs, dans ses moyens d'exécution les plus énergiques.

Quant à ceux qui voudraient encore, avec raison, apprécier le projet dans les faits, dans les travaux pratiques et l'administration générale qui en ont inspiré l'idée-mère et favorisé les principales applications, qu'ils veuillent bien recourir à une note rapide, rejetée à la fin de cette publication. Les considérations qui dominent le sujet et le simple exposé de ses dispositions fondamentales doivent seules trouver place ici, et ne souffrir ni profiter de ce que la position de l'auteur peut apporter de personnel dans une si grande affaire.

On y verra, en tous cas, que la question a été étudiée *sur le terrain;*

Que c'est dans l'exercice d'une administration active et laborieuse, et en présence de tous les intérêts réels stimulés, et de toutes les organisations d'hommes mises à l'épreuve, c'est-à-dire en donnant une grande impulsion aux travaux d'intérêt local, et dans la direction pratique des opérations du recrutement, que ce travail s'est élaboré.

Le Prince Royal, en traversant naguère le département auquel cette administration s'appliquait, y féconda le germe du projet. Quelques mots échappés à celui qui la dirigeait fixèrent l'attention du prince, et provoquèrent de sa part un encouragement direct à y donner suite.

Si le projet est dynastique et national à la fois, et comment pourrait-il être l'un sans l'autre, ce ne sera pas un des moindres résultats de la sollicitude éclairée et feconde qui a caractérisé le voyage du duc d'Orléans en 1839.

C'en serait assez pour entrer en matière si la

circonstance même qui provoque la publication immédiate du projet ne voulait être indiquée : car elle pourrait devenir une de ces éventualités providentielles qui aident une idée neuve à pénétrer dans tous les esprits, et à intéresser les masses à son adoption.

Le Prince Royal arrivait à Paris, de retour de la brillante expédition des Portes-de-Fer, lorsque le simple exposé qu'on va lire sur la constitution de l'armée française sous la monarchie de 1830 fut remis entre ses mains.

Probablement le Prince ne l'avait pas encore lu, qu'un cri de guerre, qui s'était fait entendre sur la côte africaine, peu de jours après le festin d'Abd-el-Oued, retentissait dans les salons de Paris, et, d'écho en écho, se propageait dans toute la France.

Serait-ce un de ces hauts avertissements que le Ciel accorde parfois aux nations pour les sauver des dangers d'une longue imprévoyance ou d'une fausse sécurité.

Qu'est-ce donc que cette guerre de barbares, en effet, auprès de la grande guerre à laquelle elle fait nécessairement songer ?

Et pour cette grande guerre, quoi de fait? quoi d'organisé? quoi de prévu ?

Quoi ?

Des sociétés secrètes, des presses incendiaires ; des poitrines retentissantes prêtes à crier aux armes, et à braver le fer ennemi ; tous les éléments d'une révolution enfin, propres aussi à devenir des éléments de guerre : voilà ce qu'aurait la France de fait, d'organisé, de prévu. Et qu'on ne s'y trompe pas, la France s'en servirait plutôt que de subir encore une fois la loi de l'étranger.

Elle serait ce qu'elle a été, ce qu'elle sera toujours sous l'empire d'un tel élan !

Nous serions tous d'accord ce jour-là.

La dynastie elle-même y voudrait jouer son va-tout, car elle sait bien qu'elle est nationale de son essence, et qu'elle ne peut pas cesser de l'être. Tous ses Princes y périraient plutôt.

Aussi peut-on bien être tranquille de ce côté. Aucune puissance de l'Europe ni plusieurs réunies ne viendront attaquer la France ; mais elles pourraient bien avoir leur politique et se passer de la sienne, tant qu'elles la sauront placée dans l'alternative d'une résignation pacifique ou d'une guerre révolutionnaire.

Mais est-ce là une situation supportable pour une nation civilisée, et qui aspire à grandir, surtout, par les travaux de la paix ?

Est-ce un état de choses à conserver pour elle que celui dont on peut dire qu'une grande guerre *dans l'ordre* y est presque impossible.

Il ne faut pas, sans doute, que la France s'organise pour la provoquer, mais pour être capable de la faire.

Et voilà pourquoi il faut que cette organisation ne lui coûte rien, et, si c'est possible, lui soit profitable, plus profitable même en temps de paix, encore, qu'en temps de guerre.

Il ne faut pas, en un mot, que pour la France, du moins, une grande guerre soit *nécessairement* une révolution politique.

C'est là son avantage, son privilége. Elle l'a assez chèrement payé; qu'elle en jouisse donc!

La Convention a eu son armée, l'Empire la sienne, la Restauration elle-même a eu aussi la sienne, avec ses 200,000 hommes toujours prêts à peser dans la balance, où deux ou trois nations principales de l'Europe pouvaient peser avec elle.

Mais la France de juillet, la Royauté de juillet, où est leur armée?

Un grand effort national cependant peut devenir à tout instant nécessaire; et l'un de ces moments où 60,000 de nos 200,000 soldats, instruits et capables, seront absorbés par une seule cause, pourrait être perfidement choisi, par les puissants intérêts qu'irrite ou effraie la grandeur de la France, pour la surprendre et l'accabler.

Faudrait-t-il donc toujours contenir ou combattre de telles attaques par tous les feux d'une révolution?

La diplomatie n'est plus, au dehors, que le reflet de la situation intérieure.

Que cette situation soit le fruit de l'organisation et du progrès dans tous les éléments de force et de richesse du pays, et, sans changer un seul homme, la France aura à l'étranger les plus puissants ambassadeurs du monde.

La guerre d'Afrique est un grand avertissement. L'impression qu'en a ressentie la France est on ne peut plus favorable à l'adoption populaire d'un principe organisateur et définitif, que la justice, l'égalité, l'amour de la patrie, d'ailleurs, entourent de leur triple appui.

Dans son application, telle qu'elle est proposée, c'est la production elle-même, la grande puissance de l'époque, qui vient à son secours, et en réclame énergiquement le triomphe.

Qu'on se représente toutes les forces de la guerre employées au développement des travaux de la paix, et tous les travaux de la paix concourant à la puissance de la guerre, et on aura du moins l'idée du but que l'on s'est proposé.

Que la puissance si souvent funeste des souvenirs du passé, ou de fallacieuses préoccupations de l'avenir, n'empêchent pas du moins qu'une idée heureuse et féconde surgisse, soit du travail qu'on va lire, soit de toute autre combinaison d'une application facile et atteignant le même but.

Car, à tout prix, il faut sortir de la position actuelle.

Il faut à la France de juillet, à la Royauté de juillet, leur armée.

Un principe incontestable et incontesté sert de base au projet, et le voici :

« *Tout Français âgé de* 20 *ans doit son tribut* » *à la défense de la patrie.* »

Et cependant,

La société de la propriété divisée a mis 40 ans à se constituer en France.

On expliquerait la Convention, le Consulat, l'Empire, la Restauration elle-même, par le travail progressif de cette organisation.

La propriété divisée a ses intérêts, ses penchants, ses opinions.

Onze millions de cotes foncières, disent les uns.

Le gouvernement représentatif et ses carrières diverses, disent les autres.

Ce n'est plus à l'armée seulement que l'honneur et la gloire de cette époque s'acquièrent ou se réfugient.

La liberté de payer son tribut à la chose publique, en la servant personnellement ou en la faisant bien servir, est dans les mœurs et dans les besoins de l'époque.

Et d'un autre côté :

Il faut, à notre époque aussi, sa profession des armes, recherchée, honorée, garantie.

La profession des armes telle qu'on la comprenait autrefois ne saurait être celle de notre temps.

Celle-ci doit embrasser, dans ses honneurs comme dans ses intérêts, depuis l'officier le plus élevé en grade jusqu'au simple soldat inclusivement.

Le service militaire doit être attrayant.

Et de là le deuxième paragraphe de l'article dont le principe général qui précède a dicté le premier :

« *Soit en servant personnellement, soit en con-*
» *tribuant à honorer et à assurer l'existence de*
» *ceux qui se consacrent à la carrière militaire.* »

Tout le projet est dans ces prémisses.

Le service personnel est par lui-même honorable; mais, dans ce nouvel ordre d'idées, le service *contributif* se trouve annobli, car il est destiné à assurer et à honorer l'existence des défenseurs de la patrie.

La première et la plus rigoureuse conséquence du principe établi, c'est que les 280 à 300 mille Français qui atteignent chaque année l'âge de vingt ans sont nécessairement appelés, sans exception, à payer leur tribut à la défense de la patrie.

La première conséquence de la restriction du principe, c'est que tous ceux qui veulent s'affranchir du service personnel en s'imposant la charge contributive doivent être mis à part de toutes les opérations préparatoires exigées pour le service personnel.

En dehors de cette grande division, il ne reste que les jeunes Français que l'organisation nouvelle et leur propre vocation, ou la quotité du service contributif, détermineront à s'engager dans les deux positions réservées au service personnel.

Les deux chances du service personnel sont celles-ci :

Ou le service actif avec tous les avantages que le projet lui assure, mais de dix années de durée au moins;

Ou le service de la réserve, réduit à cinq années, mais réalisable, aux quatre cinquièmes *au moins*, dans le département même du domicile réel, et dont la moitié, *au plus*, peut être employée en journées d'instruction militaire et de travaux d'utilité départementale.

C'est à la seule partie des jeunes appelés, en tous cas, qui ne se sont pas prononcés d'avance pour le service contributif, que s'appliquent les opérations ordinaires du recrutement, le tirage au sort, la révision.

La révision doit même précéder le tirage au sort.

Une fois la population valide du service personnel reconnue, ou au fur et à mesure que la déclaration de validité est proclamée par le conseil de révision, les organisations sont consultées.

Chacun se prononce pour le service actif ou pour celui de la réserve, suivant sa vocation.

Le tirage au sort doit servir néanmoins à arrêter les engagements pour le service actif au chiffre du contingent demandé, ou à compléter ce contingent, si les déclarations volontaires n'y suffisaient pas.

Rien ne s'oppose à ce que les vides d'un département pour le service actif soient remplis par les excédants des autres.

L'organisation du service personnel doit être déjà parfaitement comprise.

Voyons ce que produit le service contributif.

Le service contributif produit tout ce qui sera demandé par une loi spéciale à chaque chef de famille du jeune appelé ou au jeune appelé lui-même, à titre de *donation*, en faveur de l'armée.

Cette quotité sera seulement, pour chacun, ou une somme fixe équivalente au sacrifice que ces mêmes pères de famille s'imposent dans l'état actuel des choses, ou elle se subdivisera en diverses classes pour la fixation desquelles il est facile de faire intervenir ou les conseils municipaux, ou les assemblées cantonnales, sous la révision des conseils d'arrondissement, et la décision définitive du préfet en conseil de préfecture (1).

---

(1) Qu'on ne se préoccupe pas trop des difficultés de l'assiette et du recouvrement de cette partie contributive du service. Indépendamment des moyens ci-dessus indiqués, il en est d'autres non moins pratiques que l'auteur du projet serait tout prêt à produire. Il serait même possible de laisser à chacun, suivant ses convenances et sa fortune, la faculté de s'attribuer la part contributive qui lui serait applicable, dans les limites d'un maximun fixé par la loi, en la proportionnant au degré de LIBÉRATION ou de liberté personnelle dont il voudrait jouir.

Cette quotité sera de 1,000 ou 800 fr., ou même 700 fr. en moyenne.

Les invalides ou incapables, classés parmi les contribuables en état de supporter la quotité correspondante du service contributif, sont tenus d'y satisfaire, soit qu'ils se prononcent antérieurement aux opérations du recrutement, soit qu'ils soient déclarés capables par les conseils de révision. C'est encore là une conséquence nécessaire et tout à fait juste du tribut universel.

Or, dans l'état actuel des choses, un cinquième des jeunes gens appelés se fait remplacer, et près de la moitié se fait assurer.

60 mille appelés produisent 12 mille remplacements et près de 30 mille contrats d'assurance.

280 à 300 mille appelés, parmi lesquels il n'y aura plus d'exemptés de tout service que les non valides, incapables d'acquitter la quotité du service contributif, produiront bien 60 mille donations ou cotes contributives.

60 mille donations à 800 fr. produiront 48 millions.

Voici ce que le projet propose de faire de ces 48 millions :

Ils seront versés chaque année à la caisse des dépôts et consignations.

Le projet suppose aussi que le service de réserve, dont la durée est réduite à cinq ans, se divisera, par moitié, en journées libres que le jeune soldat pourra consacrer entièrement à sa famille ou à ses intérêts personnels, et en journées d'instruction militaire et de travaux d'utilité départementale.

Les journées consacrées aux travaux ne sont pas rétribuées, puisqu'elles servent à acquitter le tribut que chacun doit au pays; mais elles sont susceptibles d'un prélèvement de 50 à 60 centimes sur la valeur des travaux à exécuter, pour la nourriture et la mise à l'abri, en commun, des travailleurs. On verra dans l'étude mathématique du projet que les travaux ainsi obtenus réaliseront au moins 30 millions chaque année, que le ministre des travaux publics ou les administrations départementales, avec grande économie pour ces divers services, pourront faire verser ainsi chaque année à la caisse des dépôts et consignations.

Ce serait donc 78 à 80 millions que recevrait chaque année, par le système, la caisse des dépôts et consignations.

Il faut en déduire 10 à 12 millions cependant, que les dépenses propres au projet absorberaient nécessairement.

2

Mais n'eussions-nous que 60 millions, le projet suppose et établit qu'en contre-partie de la somme versée à la caisse des dépôts et consignations, et dont le montant sera appliqué, suivant que la loi des finances en décidera chaque année, ou à l'amortissement de la dette, ou à des travaux déterminés, la caisse d'amortissement transférera au grand-livre de la dotation de l'armée une quantité équivalente de rentes, constituées au taux d'intérêt le plus élevé *parmi les rentes rachetées.*

Dès ce moment, une valeur de crédit susceptible de s'accroître par toute la puissance de l'intérêt composé, jusqu'au moment où il en sera fait une première application, existe au profit de l'armée.

Or vingt ans doivent s'écouler avant qu'aucun droit ne soit acquis à cette dotation ; et entre tous ceux qui auront accepté le service actif chaque année, ceux-là seuls qui auront persisté dans ce service pendant vingt ans, ou qu'aucune cause majeure ou fatale n'en aura détournés, auront droit aux pensions de retraite et autres rémunérations dont les lois ou les règlements auront stipulé les conditions et réglé l'importance.

Les calculs se compliquaient ici d'une question d'intérêts composés et d'une question de mortalité et autres chances communes à toutes les agglomérations d'individus.

Ces calculs ont été faits par un homme spécial et d'une haute instruction. Ils ont confirmé tous les aperçus de l'auteur du projet. Son rapport est annexé à cette publication.

Les résultats sont d'une telle importance, qu'ils suffisent à tous les besoins, et rendent possibles tous les encouragements utiles : car les pensions liquidées sont servies par des extraits viagers de l'inscription de rente immobilisée, et retournent à l'inscription à chaque décès.

Il faut, d'ailleurs, remarquer qu'après la constitution de la rente nécessaire pour assurer tout le service résultant du projet, le principe du nouveau revenu subsiste, et continue à produire, chaque année, la somme qu'il est toujours de son essence de produire.

Il y a donc lieu de subordonner l'application du produit à l'action législative, quand tous les besoins de l'armée sont satisfaits; et pourtant, les soldats ayant vingt ans de service peuvent avoir 400 francs de pension en se retirant à cette époque, et les sous-officiers de 500 à 600 francs. Ils n'auront atteint alors cependant que l'âge de quarante ans, et ils seront libres et honorés.

C'est là tout le projet.

Il n'apporte aucune perturbation dans l'organisation actuelle.

L'armée existante peut participer à tous ses avantages, et n'en a rien à redouter.

Le budget de la guerre n'en éprouve aucune charge. Loin de là, le projet ne peut lui valoir que des économies, car il se prête à la réduction de l'armée active, et il dégage le budget, dans un avenir rapproché, de la charge des pensions militaires.

Il absorbe dans l'armée active les éléments les plus énergiques de la population.

Il la constitue forte, instruite, honorée, aguerrie, satisfaite.

Et à côté d'elle, prêts à entrer dans ses cadres, il tient en réserve plus de 500 mille soldats qu'une instruction militaire suffisante et d'énergiques travaux ont déjà préparés à la guerre.

Ces 500 mille soldats cependant fournissent chaque année 200 mille travailleurs aux travaux d'utilité départementale, entre lesquels figurent en première ligne ceux qui sont en même temps d'utilité nationale.

Le tribut en argent demandé à tous les jeunes

appelés que la fortune ou la vocation entraînent vers un autre emploi de leur temps et de leurs facultés se justifie de lui-même.

Le travail demandé en temps de paix aux soldats de la réserve dont le service est réduit à cinq ans n'est pas rétribué, car il est la condition d'une position préférée à un service actif ; il n'absorbe que la moitié du temps exigé pour ce service ; il permet l'emploi de l'autre moitié dans l'intérêt personnel du jeune soldat ou de sa famille.

L'armée a donc sa dotation assurée.

Officiers et soldats ont devant eux la perspective d'un honorable repos, et d'une grande moitié de leur vie à l'abri du besoin, après en avoir consacré vingt années à la défense du pays.

Le pays est, en temps de paix, couvert d'ateliers propres à réaliser les plus gigantesques travaux d'utilité nationale.

Au premier cri d'une guerre défensive ou d'honneur national, un million d'hommes prêts à combattre pourront être debout, et enrégimentés.

N'est-ce pas là employer toutes les forces de la guerre au développement des travaux de la paix, et les travaux de la paix à accroître la puissance de la guerre ?

Mais il importe peut-être de revenir sur les éléments du projet, et d'en apprécier avec plus de réflexion les dispositions fondamentales.

Le tribut payé pour assurer et honorer l'existence des défenseurs de la patrie est l'élément essentiel, principal, de toute la partie économique.

Il importe qu'on ne puisse mettre en doute la possibilité, la facilité même de sa réalisation, et qu'on ne lui oppose pas surtout les considérations puisées dans un passé avec lequel l'état actuel des choses n'a plus aucune ressemblance.

S'il arrive que le présent est douloureusement troublé par des pensées d'avenir, trop souvent aussi les impressions du passé paralysent ou frappent de mort le présent.

C'est aux hommes qui n'entendent pas dédaigner le passé, qui ne dédaignent pas non plus de sonder l'avenir, mais qui ont étudié surtout le présent, et savent le juger et s'en servir, que le projet s'adresse.

Sous la république, sous le consulat, sous l'empire, la France actuelle se constituait.

Il y eut conquête et émancipation en 89.

Trente années ont à peine suffi pour l'organisation sociale afférente à la propriété divisée.

On l'a déjà dit, l'assemblée constituante, la convention, le consulat, l'empire, pourraient s'expliquer par le seul travail de cette organisation.

C'est au moment même où la propriété, divisée, allait atteindre et consacrer le chiffre de 25 millions d'individus intéressés à la défendre, que la tentative désespérée du rétablissement du droit d'aînesse vint trahir les alarmes de la restauration. Ce qui devait faire sa sécurité, ou lui fournir du moins les seules garanties possibles de sa durée, fut précisément ce qui l'effraya et la perdit.

Mais, sans trop s'arrêter à ce point de vue immense, qui n'aperçoit que dans ces 25 millions d'individus intéressés directement ou indirectement à la propriété il y a un ordre de choses nouveau, un état social tout différent du passé, qui n'existait pas même encore à l'état de vie politique ni sous le consulat ni sous l'empire, et qui a aujourd'hui ses facultés, ses besoins, ses mœurs.

Or c'est précisément cette situation qui, depuis plusieurs années déjà, produit naturellement ces manifestations si nombreuses et si significatives de la préférence donnée au tribut pécuniaire sur le service personnel, soit parce que le sacrifice d'argent est possible par un bien plus grand nombre d'individus qu'autrefois, soit aussi parce que le service personnel, tel qu'il est entendu aujourd'hui, ne conduit qu'à un sacrifice de temps inutile, quand le temps est devenu si précieux.

On ne saurait croire, lorsqu'on n'est pas en position de s'en convaincre, quels sacrifices s'imposent nos cultivateurs, nos chefs d'ateliers, pour conserver dans leurs exploitations agricoles ou industrielles ceux de leurs enfants qu'atteint la loi de recrutement.

Ce ne sont pas, il faut l'espérer, les nombreuses compagnies de trafic et d'assurances exploitant sans scrupule cette disposition d'un si grand nombre de familles qui inspireront assez d'intérêt pour qu'on répugne à rattacher aux intérêts de l'état et de l'armée cette source féconde d'améliorations; mais il n'y a pas un moment à perdre pour lui donner cette utile direction.

Il a déjà été dit que, sur les 60 mille appelés, dans l'état actuel des choses, 24 mille au moins s'imposaient un sacrifice équivalent ou supérieur à celui qui pourra être légalement demandé. Or les nouveaux tributaires ne seraient pas ceux qui le sont déjà, et dont la nouvelle loi augmenterait le sacrifice; ce seraient d'autres tributaires tout aussi riches, tout aussi capables de payer le tribut, et que le sort aveugle, aujourd'hui, dispense complétement du premier des devoirs, de l'obligation la plus sainte que la chose publique puisse imposer au citoyen.

L'accomplissement de ce devoir ne saurait être un sacrifice.

Le tribut pécuniaire est annobli par tous.

Il ne s'agit plus de l'achat d'un homme,

Ni d'une assurance ayant pour but de faire marcher pour de l'argent un autre homme à sa place.

Tribut personnel, tribut en argent, ce sera toujours le tribut du Français à la défense du pays.

Il ne s'agit pas d'un sacrifice qui se renouvelle chaque année comme l'impôt, mais d'un tribut éventuel, unique, volontaire.

On se l'impose déjà volontairement avec toutes les chances mauvaises et presque honteuses qui s'y rattachent.

Il ne faudra pas trop l'abaisser, si on ne veut pas qu'il soit *trop* généralement préféré au service personnel.

Le travail du soldat de la réserve est la seconde disposition essentielle de la partie économique du projet.

Il sera certainement accepté sans répugnance par la partie la plus nombreuse et la plus robuste des hommes qui en feront partie. Habitués aux travaux de la terre, les travaux de routes et de canaux leur plairont. Prestataires déjà dans leurs communes respectives, ils comprendront le travail non rétribué pour des ouvrages d'utilité départementale (car ils ne seront employés que dans leur département), et avec d'autant plus de raison que, s'ils avaient préféré le service actif sans les travaux de cette nature, il eût dépendu d'eux de l'obtenir.

Il est inutile, sans doute, d'insister sur l'importance des résultats possibles d'une telle organisation pour les travaux d'utilité publique.

Sur tous les points du royaume la pensée et l'exécution des plus grandes entreprises trouveraient des instruments intelligents et disciplinés.

Qu'on ne pense pas que des travaux d'utilité départementale, dont le pays auquel on appartient, la commune même où l'on est né, recueilleront les avantages, quelque indirect que soit le bienfait, ne soient pas susceptibles d'intéresser et d'honorer ceux qui y auront participé, sans en retirer aucun salaire. L'administration et les règlements sauront tirer parti de ce point de vue. Il n'a pas été négligé dans la grande expérience d'où la pensée du projet est sortie. Dès que d'utiles et beaux travaux ont été exécutés par les prestataires, ils ont tenu à honneur de les distinguer de ceux des ouvriers rétribués. Une sorte d'émulation s'est établie bientôt entre les prestataires de chaque commune. Les compagnies cantonnales de la réserve pourront être aussi stimulées les unes par les autres. Et pourquoi la pensée de se consacrer à la gloire du pays par les travaux de la paix, et d'être toujours prêt à lui donner son sang en cas de guerre, n'aurait-elle pas aussi ses distinctions et ses récompenses ?

On va voir, du reste, quelles autres garanties offrirait cette même organisation au maintien de l'ordre, dans ces masses d'ouvriers non rétribués.

D'un autre côté, elle ne saurait produire de graves perturbations dans les conditions générales du travail : car ce ne seraient pas les travaux existants ou possibles dans la situation des choses qui seraient envahis par d'autres ouvriers, mais d'autres travaux qui ne seraient pas mis en valeur sans cette organisation, et qui en produiraient d'autres, d'ailleurs, susceptibles d'absorber l'activité croissante des travailleurs actuels.

Les facilités accordées pour le rachat des journées auraient pour résultat de conserver à leurs ateliers les ouvriers spéciaux aux diverses industries dont les prix de journée seraient supérieurs à la journée du soldat travailleur, ce qui réduirait au concours des habitants paisibles de nos campagnes l'exécution des travaux dirigés par l'administration.

Le soldat travailleur est bien soldat pendant toute la durée légale du service de la réserve, d'après le système proposé ; mais il n'est pas le soldat proprement dit, le soldat à vie, pour ainsi dire ; il n'a pas embrassé, comme celui-ci, la profession des armes. L'instruction militaire, les habitudes militaires, les susceptibilités de l'uniforme, la subordination exclusive à l'épaulette, ne sont plus autant d'obstacles à l'application de cette partie de l'armée aux travaux publics.

Peut-être ce grand problème de l'application de l'armée aux travaux publics ne pouvait-il être résolu qu'en se plaçant à ce point de vue, et en acceptant toutes les conséquences d'un ordre de choses nouveau.

Un coup d'œil maintenant sur l'organisation du service de la réserve.

C'est l'armée active qui en fournit les plus fermes et les plus énergiques soutiens.

Un sous-officier ou deux par canton, nécessairement choisis parmi les hommes dont la conduite et l'ascendant sur les autres hommes offrent le plus de garanties d'un commandement sûr, intelligent et ferme, prennent sous leur responsabilité la direction et la surveillance du personnel et du matériel de la réserve dans chaque canton.

C'est là une nature d'hommes qui ne manque pas en France dans les classes auxquelles l'instruction et la fortune n'ont pas ouvert une plus brillante carrière, mais qu'il importe d'attirer et de fixer dans l'armée, où elle est appelée, dans ce système surtout, à rendre d'éminents services.

La réserve aura d'ailleurs, au dessous de ses sergents cantonnaux, ses sergents et caporaux pris dans la réserve elle-même.

La réserve sera donc à la fois un immense foyer

de travail et une puissante garantie d'ordre public dans chaque département.

Une blouse uniforme, une casquette, et une giberne en ceinture, doivent suffire pour son équipement militaire.

Les fusils, déposés au chef-lieu de canton, où se donne toute l'instruction militaire, pourront être pris en grande partie dans l'armement, fort inutile déjà et fort compromis, des gardes nationales.

Le soldat de la réserve est soldat en tout ce qui touche la discipline militaire. Il peut être incorporé ou déplacé, à la moindre faute grave.

On peut être certain que ce seul moyen de discipline aura le plus puissant effet sur les *organisations* qui n'auront pas préféré le service actif.

Un officier par arrondissement, un officier supérieur au chef-lieu du département, peuvent suffire à l'organisation spéciale de la réserve.

Le personnel actuel du service du recrutement peut être utilement et économiquement combiné avec cette organisation.

Le premier magistrat du département, le préfet, présidant à cette organisation, lui imprimerait une direction salutaire; il surveillerait le concours des hommes spéciaux, dont l'action sur elle sera immédiate. L'armée active, d'une part, et la réserve elle-même, éventuellement destinée au service actif et à participer à tous ses avantages, auraient devant elles un ordre établi, une loi constitutive, stipulant pour le présent et l'avenir de tous, selon les besoins et les vocations de chacun. Ce seraient là des éléments d'ordre et de sécurité politique du plus puissant effet, au lieu d'être des causes de troubles et d'alarmes.

Chaque département aurait donc, au besoin, sa force publique et ses ateliers organisés.

Les sergents cantonnaux seraient nécessairement animés d'un profond dévoûment à la Charte de 1830 et à la royauté nationale de juillet. Ils lui seraient redevables, en effet, de l'existence la plus honorable et d'une complète sécurité pour leur avenir, si la loi constitutive proposée vient à recevoir son exécution.

Quant au point de vue du danger de nos institutions, résultant de l'établissement d'une armée permanente, avec ses droits et son avenir assurés, comment cette armée oublierait-elle d'où lui vient sa nouvelle existence, et quelle valeur, quelle sûreté, donnent ces mêmes institutions au titre de la dette publique, qui garantirait désormais son avenir !

La réserve, d'ailleurs, plus nombreuse que l'armée active, toujours prête à marcher, et restant au foyer de la *vie citoyenne*, comme le trait d'union entre l'armée active et la garde nationale, ne serait-elle pas toujours un contre-poids à l'esprit trop exclusivement militaire de la partie de l'armée constamment enrégimentée.

Le projet est dynastique, parce qu'il est national.

Soixante années d'accroissement progressif et constant de la dotation de l'armée, jusqu'à ce qu'elle ait atteint son maximum, impriment au projet le sceau de la durée.

Quoi de plus national en effet que la guerre organisée au profit de la paix, et la paix grandissant toutes les forces de la guerre?

Quoi de plus national que de consacrer et d'appliquer ainsi le principe de la participation de tous les Français, sans exception, à la défense de la patrie et aux progrès de la civilisation?

Si le projet est dans le vrai, il est impossible que l'ordre établi puisse trouver dans une autre combinaison les éléments de sécurité et de grandeur qui lui sont indispensables, car ils ne peuvent se trouver pour lui que dans les conditions de l'ordre, soit dans la paix, soit dans la guerre.

Or ces éléments de sécurité et de grandeur, avec les conditions de l'ordre, qui en sont inséparables, ne peuvent lui venir que de la *possibilité* de mettre sur pied 700 à 800 mille hommes dans l'état de guerre, sans allumer au sein du pays tous les feux d'une révolution, et d'en employer, en temps de paix, 500 mille à des travaux d'utilité publique.

Le projet paraît satisfaire à cette double condition. S'il n'en était pas ainsi, il serait peu digne d'attention.

Ne dit-on pas que deux ou trois puissances réunies pourraient nous contraindre à suivre leur politique ou nous obliger à ce déploiement de forces? Il faut donc pouvoir le leur opposer.

C'est pour le maintien de la paix qu'il faut avoir toujours la guerre organisée.

C'est alors, surtout, que la paix, et une paix glorieuse, est assurée.

On a alors, on peut avoir, du moins, une politique à soi, sans être acculé à tout instant à une révolution extrême.

On a des alliés, sans doute; on les recherche puissants, on se les assure faibles; mais on n'est à la disposition d'aucun d'eux.

On est toujours en position de répondre, par

exemple, à un article semi-officiel de la nature de celui que publiait, il y a quelques jours, le *Morning Chronicle*, ou plutôt on n'a pas à y répondre, parce que de tels articles, alors, ne sont pas publiés.

« Qu'a donc à reprocher la presse française à son gouvernement en ce qui touche la question d'Orient ? disait ce journal. Le gouvernement français n'a-t-il pas fait tout ce qu'il pouvait pour avoir sa politique à lui et pour la faire prévaloir ? Ne nous l'a-t-il pas fait connaître, ne l'a-t-il pas soutenue auprès de notre gouvernement avec autant d'habileté que d'énergie ? Mais il est arrivé un moment où la politique de l'Angleterre et celle de la Russie se sont trouvées d'accord, et il a bien fallu dire à la France : Voilà notre politique à nous, gardez la vôtre si vous voulez ! »

Dirait-on à la France : *Gardez la vôtre*, si on savait à la France un million d'hommes à mettre sur pied pour faire une grande guerre dans l'ordre ?

Il ne suffit pas, en effet, qu'une grande nation soit armée pour sa défense, il faut qu'elle le soit pour toute guerre d'intérêt national. Et pour ne pas sortir de l'Orient, quoi de plus national que ce qui se balance et s'agite pour la France, soit à Constantinople, soit en Egypte, avec les destinées de l'empire ottoman?

Et qu'on ne craigne pas des guerres d'envahissement avec une telle organisation, si elle s'harmonise en effet avec les intérêts actuels, et ne s'en sépare jamais : car tous ces intérêts aujourd'hui tendent à retenir le Français chez lui, comme l'état de la société, sous la Convention et sous l'Empire, le poussait au dehors.

Ce n'est pas à l'étranger, en tous cas, qu'une telle armée se trouverait excitée, comme celle de l'empire, à aller chercher des dotations. Sa dotation à elle serait en France; et c'est de la paix qu'elle attendrait son accroissement. C'est la paix qui en porterait toujours la valeur représentative au plus haut prix dont elle serait susceptible; et cette paix, cependant, pour être stable devrait être honorable et glorieuse, devrait entraîner nécessairement la grandeur et la juste prépondérance politique d'une nation de 34 millions d'hommes qu'unissent la même origine, la même langue et le même drapeau.

Et, sous un autre point de vue,

Ne dit-on pas que, pour achever nos canaux, pour nous mettre au niveau des progrès de nos voisins, en fait de communications rapides et économiques, il faut absolument avoir une armée de travailleurs, dont les journées ne ressortiraient plus à 2 fr. et 2 fr. 50 c. ? Il faut donc accepter les 40 à 45 millions de journées à 60 centimes en réalité, et à 1 fr. ou 1 fr. 50 cent. en règlement de compte, que le projet met chaque année à la disposition de l'état.

Si, d'après l'aperçu administratif qui fait l'objet de la note imprimée à la fin de cet exposé, 153 mille journées de prestations et 47 mille journées de terrassiers rétribués ont produit, dans l'un de nos départements, 50 mille mètres de chaussées, avec 3 mètres cubes de terrassements par mètre linéaire dans toutes sortes de terrains, ce qui équivaut à une journée de prestataire et un tiers de journée de terrassier pour 33 centièmes de mètre de route ayant 8 mètres de largeur entre fossés, dont 4 mètres de chaussée et 4 mètres d'accotements, il est démontré que 50 millions de journées de soldats de la réserve et 17 millions de journées de terrassiers produiraient dans un an 16 millions 500 mille mètres de chaussées, y compris 48 millions de mètres cubes de terrassements, soit 4,125 lieues! On peut juger par là de la force productive d'un tel moteur. Qu'on réduise cette puissance de production de moitié, afin de se ménager toutes les facilités possibles dans l'exécution, et il restera encore une force énorme.

On comprendra ce qu'une telle combinaison ajouterait de puissance et donnerait de portée à la pensée déjà si féconde du budget extraordinaire et de l'application aux travaux publics des fonds oisifs de la caisse des dépôts et consignations; pensée déjà si combattue cependant dans la chambre élective, alors que le pays en éprouve à peine les salutaires effets, et en manifeste hautement à son auteur une véritable reconnaissance (1).

Le chemin de Paris à Bordeaux, par exemple, rencontrerait dans son parcours 25 à 30 mille soldats terrassiers, groupés en quatre à cinq ateliers dans chacun des douze départements qu'il traverserait.

Sur tous les points, d'ailleurs, le travail ne manquerait pas d'aliments.

Là, ce serait une ligne de navigation;

Ici, une grande ligne de chemins de fer;

Sur ce point, une route royale ou départementale;

---

(1) M. Duchâtel, alors ministre des finances.

Sur les autres, des chemins de grande communication.

La vicinalisation de toute la France apparaîtrait certainement à un point de vue bien plus rapproché, avec une telle organisation.

Après les travaux neufs, l'entretien resterait encore un élément éternel de travail.

Dans ce département, c'est le Ministère des travaux publics qui emprunterait ce personnel robuste et discipliné d'une organisation permanente;

Dans cet autre, ce serait le Ministre de la guerre;

Dans celui-ci, l'administration départementale;

Dans celui-là, l'administration communale.

Le prix net de la journée irait toujours aboutir à la caisse des dépôts et consignations.

Le plus haut degré d'intérêt public déterminerait seul la préférence à donner à l'emploi des hommes dans chaque département.

Jetant enfin une vue d'ensemble sur le projet, n'apparaît-il pas, de sa nature, d'une extrême élasticité?

Tout ce qu'il offre d'éléments de puissance financière et militaire peut s'accroître.

Tout ce qu'il suppose de sacrifice au tribut pécuniaire ou au tribut personnel peut être adouci.

L'armée actuelle peut être plus ou moins nombreuse;

Les retraites et rémunérations plus ou moins attrayantes;

Le service légal de l'armée active plus ou moins prolongé;

Le service de la réserve plus ou moins exigeant.

Il a été rédigé en projet de loi, et il faut ainsi faire pour bien apprécier certaines possibilités d'exécution qu'on ne mesure bien que la plume à la main, et en écrivant les dispositions qu'il faut prescrire.

Voici cet essai de rédaction, qui ne doit être lu qu'à ce titre.

Il suffit d'en apprécier les dispositions fondamentales.

Toutes les lois d'exécution et tous les règlements seraient à faire.

Le domaine des hommes spéciaux reste immense.

Tous les principes constitutifs du système ont dû pourtant figurer dans le projet.

Le principe national est dans l'universalité du tribut;

Le principe militaire, dans les conditions mêmes de la formation de l'armée organisée en famille, rassurée sur son avenir, pure de tout élément douteux, et pouvant inscrire au front de ses drapeaux ces mots de la croix des braves : *Honneur et patrie ;*

Le principe social, dans la simultanéité d'action des facultés, des intérêts et de l'aptitude;

Le principe physiologique, dans les organisations consultées;

Le principe politique, dans la force relative d'une nation de 33 millions d'âmes, et dans une organisation de cette force peu coûteuse, et intéressée au maintien de l'ordre et au respect des institutions;

Le principe administratif, dans les moyens d'action donnés à l'autorité pour la satisfaction des intérêts matériels, et pour son influence morale;

Le principe financier, dans l'augmentation des recettes publiques;

Le principe économique, dans les forces créées pour le développement de la production, et ne servant pas moins à fortifier l'indépendance et la dignité de la France.

Veut-on ou ne veut-on pas organiser la royauté de juillet, et assurer l'ère visible de la révolution de 1830 ?

Etranges contradictions !

On veut avoir une diplomatie puissante, des ambassadeurs respectés et influents, une politique extérieure qui réponde à l'importance d'une grande nation que nous sommes, et on n'a pas songé encore à avoir une organisation militaire qui soit en harmonie avec de telles prétentions, et avec les grands intérêts et les mœurs de l'époque. Comme on veut avoir une administration forte et énergique, avec des députés qui ne s'emploient qu'à soumettre ou annuler les administrations locales, et qui les combattent quand elles résistent, ce qui ne les empêche pas toutes, heureusement, de résister. Comme on veut avoir une marine puissante sans encourager le commerce extérieur. Comme on veut encourager le commerce extérieur sans toucher aux droits prohibitifs qui s'opposent à toutes sortes d'échanges. Comme on veut respecter le droit de propriété en encourageant tout ce qui l'affaiblit ou le menace. Comme on veut l'abaissement du cens électoral, avec de l'indépendance politique. Comme on veut le suffrage universel, et ne pas être républicain.

Rien n'est plus difficile à arranger que tout cela.

Il faut cependant que tout cela s'arrange, ou tout tombera en poussière.

Et heureusement tout cela peut s'arranger.

Tous les éléments de l'arrangement existent.

La société française, telle qu'elle est constituée, se prête admirablement à cette solution.

Rien ne la gêne pour cela; au contraire, tous les éléments de cohésion s'y trouvent, et tendent à se rapprocher et à s'unir.

Le principe de la propriété divisée est on ne peut plus conservateur et progressif à la fois. Ceux qui en doutent, en tous cas, quels que soient leurs penchants politiques, savent bien qu'il faut le respecter et s'en servir.

La faiblesse des hommes a seule tout gâté, ou tout arrêté, ou tout empêché jusqu'ici.

Il ne faut donc plus, n'importe à quel propos, qu'une de ces puissantes réactions de l'intelligence et du patriotisme dans l'ordre, qui sont si spontanées et si fécondes en France, pour tout faire rentrer dans le vrai. Electeurs, Députés, Ministres, Fonctionnaires, tout peut encore servir à cela. Une forte impulsion du pays y peut suffire. Qu'elle se produise, qu'elle éclate, et tous les ressorts se tendront, et l'engourdissement des âmes cessera, et toutes les espérances renaîtront, et toutes les forces vitales reprendront leur énergie, et ces mêmes cordes si relâchées, si faibles, si discordantes, on les verra se tendre et vibrer puissantes et harmonieuses.

Or cette cause impulsive pourrait être l'armée, l'armée nationale de notre temps, la véritable signification des forces du pays, soit dans la paix, soit dans la guerre.

Le sujet et l'occasion pourraient avoir moins d'intérêt, et surtout d'intérêt *actuel*, en tous cas.

Eh bien ! après l'armée, et comme conséquence nécessaire, particulièrement, de sa nouvelle constitution, pourrait venir l'administration, l'administration de notre époque, c'est-à-dire tout ce qu'elle peut conserver de puissant, d'énergique, de l'admirable organisation actuelle, et, en outre, sa mise en harmonie avec les faits accomplis du présent et avec les nouveaux éléments de force, de conservation et d'avenir, que les institutions nouvelles lui apportent.

Le moindre encouragement du public, auquel ce rapport s'adresse, et du gouvernement, qu'il aurait pour but de servir, donnerait jour, peut-être, à ce nouveau travail.

Il serait, en tout cas, inspiré par le même esprit, l'esprit pratique et de conservation, en même temps que l'esprit de progrès; la mise en œuvre des faits accomplis, l'emploi du connu et des matériaux existants et éprouvés.

Du neuf avec du vieux, en un mot;

Mais de l'actualité surtout.

De l'avenir, sans doute; mais de l'avenir avec du passé et du présent.

Vaudrait-il mieux laisser croire que la monarchie de juillet ne peut ou ne veut rien de grand, lorsque tant d'éléments de puissance et de gloire l'entourent, et sont peut-être, aussi, les heureuses conditions de sa force et de son existence?

Essai de rédaction d'un Projet de Loi (1).

Article premier.

Tout Français âgé de plus de vingt ans doit son tribut à la défense de la patrie,

Soit en servant personnellement,

Soit en contribuant à honorer et à assurer l'existence de ceux de ses concitoyens qui embrassent la profession des armes.

Article 2.

Le service de l'armée se divise en service actif et en service de réserve.

Le service actif attribue aux soldats comme aux officiers et sous-officiers la solde d'activité et une pension de retraite.

Les officiers et sous-officiers appartiennent toujours au service actif.

Le service de la réserve *peut* valoir aux soldats une pension de retraite après trois campagnes ou une blessure.

---

(1) Voir l'exposé du système précédemment développé. Le projet qui suit n'est qu'un essai de rédaction, où il importe seulement d'observer le *fonctionnement* des dispositions fondamentales du système, tout le reste pouvant être modifié, restreint, corrigé, augmenté.

Article 3.

Le service légal ou obligatoire est de dix ans au moins et de douze ans au plus dans l'armée active, et de sept ans dans l'armée de réserve (1).

Article 4.

Les Français engagés dans l'armée active jouissent toute leur vie des honneurs et des droits attachés à cette position.

Ils ne cessent d'appartenir à l'armée qu'en vertu d'un jugement, ou par l'expiration du service légal et leur volonté.

Les enrôlements ne sont reçus que pour l'armée active, et ne sont définitifs qu'après acceptation du conseil d'administration du corps dans lequel l'enrôlé désirera être admis.

Article 5.

Le service de la réserve s'accomplit tout entier, en temps de paix, dans le département où le jeune soldat qui en fait partie a son domicile réel.

Le service de la réserve n'oblige ceux qui en font partie qu'à huit mois de service d'une année entre autres, et qui commenceront : la première année pour la première partie de la réserve, et la seconde pour la dernière.

---

(1) Le service de la réserve peut être réduit à cinq ans : l'armée pourrait être encore très nombreuse. Celui de l'armée active ne se prolongerait au delà de dix ans que par des rengagements triennaux.

Article 6.

Dans les trois derniers mois de l'année qui précéderont celle où les jeunes Français accompliront leur vingtième année, ils seront tenus de faire connaître, par une déclaration uniforme, signée et déposée par eux et leur père ou tuteur, à la mairie du domicile réel de ceux-ci, s'ils entendent participer aux opérations du recrutement, ou s'ils préfèrent contribuer, par une donation définitive, à honorer et à assurer l'existence de ceux qui se dévouent à la carrière militaire.

Le montant de la donation sera fixé par une loi spéciale.

Article 7.

Le tirage au sort et toutes les autres opérations du recrutement ne s'appliquent qu'aux jeunes Français, ayant vingt ans, qui n'auraient pas fait la déclaration mentionnée en l'article précédent.

Les causes d'exemption légale, telles qu'elles sont déjà déterminées par la loi; celles même qui pourraient être fondées sur une infirmité quelconque, ne seront admissibles qu'en faveur des familles qui auraient été jugées dans l'impossibilité de satisfaire aux conditions pécuniaires de la susdite déclaration, et qui auraient été portées à cet effet sur une liste formée chaque année par le conseil municipal, révisée par le conseil d'arrondissement, et définitivement arrêtée par le préfet en conseil de préfecture ou de révision.

Article 8.

Les jeunes Français de vingt ans accomplis qui n'auraient pas déposé en temps voulu la déclaration mentionnée en l'article 6, et qui ne se trouveraient pas compris dans la liste précitée, seront tenus de réaliser la donation prévue par le même article, et un cinquième en sus s'ils sont jugés propres au service par le conseil de révision, et s'ils n'acceptent pas le service personnel.

Les sommes acquises à l'armée, par suite des dispositions qui précèdent, seront recouvrables et exigibles, comme en matière de contribution directe, sur les biens propres du jeune appelé, et, à défaut, sur ceux de ses père et mère.

Article 9.

Les jeunes Français appelés devant le conseil de révision, et jugés propres au service, auront à se prononcer, séance tenante, sur leur collocation dans le service actif ou dans le service de réserve.

Article 10.

Les numéros du tirage au sort serviront, suivant les cas, soit à déterminer le chiffre où s'arrêteront les admissions dans l'armée active, soit à fixer celui qu'il faudrait atteindre pour assurer ledit service, et plus particulièrement celui des armes spéciales.

Article 11.

Les travaux d'utilité publique auxquels le service de la

réserve aura participé seront réglés par journée, au taux déterminé par la loi, et le montant en sera arrêté chaque année par le ministère, ou l'administration départementale, auquel seront afférents lesdits travaux, concurremment avec celui de la guerre.

Article 12.

Le produit annuel des donations militaires, le produit net des travaux exécutés par la réserve, et la moitié des revenus nets créés par les susdits travaux, formeront le fonds dotal de l'armée, sauf les emplois ci-après déterminés.

Article 13.

Les fonds sans emploi des diverses provenances qui précèdent seront convertis en rentes 5 pour 100 provenant des rachats de la caisse d'amortissement, et, à défaut de ceux-ci, en rentes constituées au taux d'intérêt le plus élevé.

Article 14.

La totalité des recettes du fonds dotal précédemment mentionné devra faire face, avant toute chose, à la solde des sous-officiers et aux pensions de retraite, dont l'exécution de la présente loi viendrait à augmenter le budget actuel de la guerre.

Article 15.

Les fonds versés à la caisse des dépôts et consignations par le fonds dotal en retour des rentes acquises viendront en augmentation des ressources de cette caisse, applicables aux travaux d'utilité publique ou au rachat de la dette, suivant que la loi des finances en déciderait.

Les rentes acquises par le fonds dotal seront exclusivement applicables, en extraits de rentes viagères, aux rémunérations et suppléments de retraite de l'armée active, conformément aux lois spéciales qui en régleraient la distribution.

Article 16.

Toutefois, ces mêmes rentes, dans les circonstances extraordinaires de la guerre, et pour la portion seulemen non affectée aux droits acquis, pourraient, en vertu d'une loi, servir de gage à des emprunts, à la condition de leur retour au fonds dotal, quand lesdits emprunts auraient été remboursés par l'état (1).

Article 17.

Tous les sergents-majors et maréchaux-des-logis de l'armée, après dix ans de grade et vingt ans de service, seront aptes à faire valoir leurs droits aux épaulettes de sous-lieutenant et à la décoration, sans préjudice de leurs autres titres à un avancement plus rapide.

Après quinze ans consécutifs de grade et de bonne conduite, et au moment où ils obtiendraient leur retraite, ils

---

(1) Le maximum de cette rente constituée pourra être fixé par une loi, et dans ce cas toutes les rentrées destinées à l'accroître jusque-là pourront recevoir une autre destination.

seront de droit gradés sous-lieutenants, et seront aptes à participer aux suppléments de retraite que la dotation de l'armée permettrait de leur accorder.

Tout sous-officier, caporal et soldat, ayant vingt ans de service, aura droit au *médaillon*.

Article 18.

Les soldats et sous-officiers en activité de service, ou faisant encore partie de la réserve au moment de la promulgation de la présente loi, auront à déclarer, dans le délai de trois mois, s'ils entendent se retirer à l'expiration de leur service légal, ou s'ils préfèrent continuer à faire partie du service actif ou du service de la réserve aux conditions de la présente loi.

A partir du 1er janvier 1841, il ne sera plus admis dans le service actif que le nombre d'hommes nécessaire pour compléter l'état de paix.

Examen du projet,

PAR M. JURE,

COLONEL D'ARTILLERIE EN RETRAITE.

MONSIEUR,

Vous m'avez fait l'honneur de me communiquer votre projet de loi sur l'organisation de l'armée, en m'invitant à vous adresser mes observations sur son contenu, et à réaliser les calculs dont vous n'avez déposé que l'aperçu dans les dispositions du projet de loi.

Très flatté de cette marque de confiance, si peu en rapport avec mes faibles moyens, je vais m'efforcer de satisfaire au désir que vous m'avez exprimé.

Vous déclarez dans votre projet de loi que tous les Français qui atteignent l'âge de vingt ans doivent concourir à la défense de la patrie, soit personnellement, soit pécuniairement.

Vous divisez ces jeunes gens en quatre classes : 1° ceux qui forment l'armée active, laquelle sera de 360,000 hommes (1);

---

(1) Je ne divise pas l'armée en quatre classes, je ne propose pas deporter l'armée active à 360 mille, qui est son effectif actuel. Loin de là, je pense que, dans le système de la loi proposée, l'armée active pourrait être considérablement réduite. Mais n'importe, toutes les suppositions ici faites peuvent parfaitement servir de base au raisonnement et aux calculs du rapporteur : qui peut le plus peut le moins. (*Cette note et les suivantes sont de l'auteur du projet.*)

2° Ceux de l'armée de réserve de 600,000 hommes;

3° Ceux qui, pour ne pas servir, paient une seule fois une somme destinée à récompenser et honorer le service militaire; et la quatrième, les Français légalement dispensés du service, soit parce qu'ils sont fils de veuve ou qu'ils ont un frère sous les drapeaux.

A ceux-ci vous voulez que la loi leur impose le tribut pécuniaire, s'ils peuvent le payer, afin que tous les citoyens âgés de plus de vingt ans aient concouru à la défense de l'état.

Les Français qui feraient partie de l'armée active y seraient, autant que possible, entrés volontairement. Leur service durerait dix ans, et s'ils le prolongeaient jusqu'à vingt, ils jouiraient pendant toute leur vie d'une pension de retraite qui serait de 360 francs pour les caporaux et soldats, et de 450 francs pour les sous-officiers.

Le service de la réserve serait de cinq ans et au choix des jeunes appelés. Ils passeraient pour leur instruction une année au régiment le plus près de leur domicile. Ils resteraient les quatre autres dans leurs foyers; mais ils seraient tenus d'employer un quart de chacune à des travaux d'utilité pour leur département, à des exercices, revues et inspections.

Telle est l'analyse fort succincte de votre projet de loi. Je vais m'occuper de la partie financière, et je commence par les dépenses qu'occasionneront les sous-officiers, caporaux et soldats qui auront servi vingt ans.

Si je consulte les tables de mortalité, je vois qu'après vingt ans un quart environ des jeunes gens seront morts; mais ce ne seront pas là seulement les pertes dont l'appel de chaque année se trouvera réduit au bout de vingt ans.

Il y aura de moins pour la pension les sous-officiers qui auront été faits officiers ;

Les hommes dégoûtés du service, et qui se retireront après avoir accompli leur dixième année ;

Les morts par les fatigues de la guerre,

Les tués par l'ennemi,

Les réformés.

Nous ne connaissons pas le chiffre de toutes ces diminutions, mais ce sera le porter encore très haut que de supposer que le cinquième des jeunes gens appelés arrivera à la vingtième année.

En admettant ce cinquième, voyons quel sera le chiffre des jeunes gens appelés chaque année pour maintenir une armée active de 360,000 hommes.

On peut considérer sans une erreur bien sensible cette armée échelonnée en forme de trapèze, dont la grande base sera la levée de la dernière année et la petite base celle de la première, qui, ayant alors vingt ans de service, n'est plus que la cinquième partie de la première. Cela posé, il est facile de voir que la grande base sera de 30,000 hommes, et la petite base de 6,000.

Il y aura donc une levée de 30,000 hommes chaque année pour l'armée active. Si on calcule cette levée sur ce qui se passe aujourd'hui pour l'armée, on trouve qu'elle devrait être de 40,000 hommes.

Mais il faut considérer que vous auriez rendu le service militaire plus attrayant par la récompense que vous accorderiez après vingt ans de service ; que par conséquent il y aurait beaucoup plus de rengagements qu'il n'y en a aujourd'hui.

Considérons aussi que, comme les remplaçants seront supprimés, beaucoup de soldats qui prennent leur congé afin de servir encore comme remplaçants se rengageront par le seul motif qu'ils ne peuvent pas remplacer.

Cependant, pour ne pas commettre d'erreur en moins sur le chiffre, nous le porterons à 35,000 hommes, qui, tous les ans, seront fournis à l'armée active.

Ceci bien établi quant au nombre, passons à la dépense pour les retraités.

J'ai fait voir que le cinquième des jeunes appelés n'arriverait pas à cette position; mais il faut remarquer que pour cette pension vous admettez la *possibilité* que des soldats de la réserve ayant fait trois campagnes ou reçu une blessure grave équivalant à la perte d'un membre pourront jouir de cette retraite. Ceci doit augmenter d'une manière notable le nombre des retraités; et pour ne pas laisser d'incertitude à ce sujet, au lieu du cinquième j'admets que ce sera le tiers, ce qui est évidemment un nombre exagéré.

Ce serait donc 10,000 hommes qui, à compter de la vingt et unième année de la mise à exécution de la loi, auraient droit à une pension moyenne de 400 fr. Le produit de ces deux nombres est de 4 millions pour cette première année. Cette pension sera presque doublée la deuxième année, et elle ira en augmentant pendant 60 ans. A cette époque, elle sera de 87,690,000 francs, et de ce moment elle n'augmentera plus ; soit donc 88,000,000 francs.

Passons à la réserve.

Vous savez que chaque année il y a en France 280,000 hommes qui atteignent l'âge de vingt ans, ci. 280,000

Vous supposez que 60,000 s'exempteront du service moyennant une somme une fois donnée, ci 60,000

Il y aura à fournir pour l'armée active, ci . . . . 35,000 } 155,000

Je suppose que le surplus des exemptions autres que les 60,000 ci-dessus sera de 60,000 encore, ci 60,000

Reste pour la réserve 125,000

On trouve, en appliquant la table de la mortalité, que cette armée sera, après la cinquième année, de 605,800 hommes, soit 600,000 hommes, qui donnent une moyenne de 7,230 par département; mais comme il faut en distraire un cinquième qui passera la première année dans un régiment pour son instruction, il en résulte que cette moyenne sera réduite à 5,800 hommes.

Le projet de loi porte que, pour instruire, commander, discipliner cette réserve, il y aurait un sous-officier par canton, un officier par arrondissement et un officier supérieur par département.

Ce qui ferait pour la France 4,000 sous-officiers,
440 officiers,
83 officiers supérieurs.

Chaque sous-officier commanderait donc 120 hommes. Ce nombre me paraît considérable, et je crois devoir vous proposer de doubler cet état-major, sauf les officiers supérieurs. Il faudrait donc

8,000 sous-officiers,
880 officiers,
83 officiers supérieurs.

Total 8,963, qui, à raison d'une moyenne de 1,000 francs chacun, donne 8,963,000 francs, soit 9 millions (1).

Quant à l'habillement, votre intention étant d'en donner un peu coûteux à chaque soldat, je l'estime à 100 francs, et comme 125,000 hommes entreraient chaque année dans la réserve, nous aurions une dépense

de	12,500,000 fr.
pour l'entretien et remplacement . . .	2,500,000
Total	15,000,000 (2)
Ajoutons les neuf millions pour solde de l'état-major	9,000,000 fr.
La dépense de la réserve serait . . .	24,000,000 fr.

(1) Je pense qu'un sous-officier de choix suffirait par canton. La moitié de la réserve seulement est appelée aux travaux et aux exercices. Des sergents et des caporaux y peuvent être pris parmi les soldats qui en font partie: c'est même un moyen d'organisation et d'émulation qu'il ne faudrait pas négliger. Les officiers d'arrondissement peuvent être fournis par les cadres actuels de l'armée active. Les capitaines et officiers de recrutement actuels peuvent servir à compléter l'état-major de la réserve sédentaire.

Cinq millions doivent donc suffire pour la dépense du personnel créé.

(2) Le costume, c'est une blouse, une ceinture, et une casquette ou shako, qui ne doivent même servir que pour les rassemblements. Le

Je n'y peux comprendre les dépenses pour l'armement, votre intention étant d'armer la réserve avec une partie des fusils de la garde nationale (1).

Voilà donc la dépense :

Pour l'armée active,

Après vingt ans . . . . 4,000,000 fr.

Après quatre-vingts ans 88,000,000

Pour la réserve,

Chaque année 24,000,000 (2)

Voyons comment on fera face à ces dépenses.

Pour la réserve vous avez trouvé que son emploi aux travaux des départements présentera une recette annuelle de 30 millions, non compris la dépense faite pour la nourriture des travailleurs.

Je m'en rapporte entièrement à vous à cet égard, Monsieur.........; vous avez une longue expérience sur cette partie des travaux publics, et ceux que vous avez fait exécuter....... vous ont acquis une réputation bien méritée : le département en conservera long-temps le souvenir.

Les recettes pour l'armée de réserve surpasseront les

---

soldat prestataire travaille avec ses habits; la dépense du costume ne doit donc pas s'élever à 5 millions, y compris l'entretien. Quant à l'uniforme régimentaire, s'il devenait nécessaire, c'est à l'état à y pourvoir, en cas de guerre, comme il l'aurait fait dans l'ancien système.

(1) Pour l'instruction de la réserve seulement. Les arsenaux et l'état offrent d'ailleurs les moyens de pourvoir à cette partie de l'instruction militaire.

(2) Nous venons de voir que 10 millions suffiraient.

dépenses de 6 millions, qui pourront être employés à des travaux profitables au commerce et à l'industrie manufacturière.

Recette de l'armée active.

On sait qu'il y a tous les ans douze mille remplacements, qui s'opèrent de deux manières : par *l'assurance* et par le *remplacement direct.*

Je suppose qu'il y en a six mille qui s'opèrent de chaque manière. Les six mille par l'assurance font connaître que dix-huit mille individus se sont fait assurer : car on sait que généralement il en part un sur trois.

Chacun de ces dix-huit mille hommes paie aux assureurs 800 francs, ce qui fait 14,400,000 francs.

Les six mille qui se font remplacer directement paient 1,600 francs chacun, ce qui donne un produit de 9,600,000 francs.

Ainsi il y a chaque année vingt-quatre mille jeunes gens qui, pour se faire exempter du service, paient une somme de 24 millions: c'est 1,000 francs par homme.

Il serait donc convenable d'établir le minimum de la donation à 800 francs pour les personnes qui, avant le tirage, déclareraient ne pas opter pour le service personnel.

Il me semble qu'il ne serait pas juste de diminuer cette rétribution, de la porter à 600 francs, par exemple : car les soldats de la réserve, nonobstant l'année qu'ils doivent rester au régiment, ont encore à passer quatre-vingt-dix journées par an hors de leur foyer pour être employés aux travaux d'utilité publique et aux exercices. Or ces quatre-vingt-dix journées, à 1 fr. 50 c., font 135 francs, et pour les quatre ans 540 francs. En fixant la rétribution à 600 francs, on ferait payer au pauvre plus qu'au riche, ce qui serait violer les lois de l'équité (1).

Ainsi, en établissant le minimum à 800 francs, on pourrait avoir un maximum de 1,200 et une moyenne de 1,000.

Maintenant il est nécessaire de déterminer le nombre de jeunes gens qui, pour s'exempter, paieront cette donation.

Nous sommes d'abord assurés qu'il y en aura vingt-quatre mille comme aujourd'hui, puisque l'armée active ne sera pas diminuée, et que de plus il y aura une réserve.

Il y aura encore la donation de toutes les personnes qui seront exemptées et qui pourront la supporter.

S'il y a donc vingt-quatre mille individus qui s'imposent le tribut pécuniaire de 1,000 francs dans l'état actuel des choses, où cinquante mille hommes seulement sont appelés, ce sera bien au moins soixante mille individus qui se l'imposeront sur le concours total de deux cent quatre-vingt mille hommes, avec d'autant plus de raison que, dans le système proposé, un grand nombre d'exemptés se trouveraient appelés à contribuer pécuniairement.

---

(1) Cette observation tient à des conditions qui ont été modifiées ; mais elle reste fondée en ce qui touche le travail exigé.

Cette somme de 60 millions par an, cumulée avec l'intérêt composé, donne dans vingt années 1984 *millions*, dont le revenu à cinq pour cent serait de 99,200,000 fr. Or nous avons vu qu'à cette même année il n'y aurait que 4 millions à payer pour les pensions. La recette serait donc très supérieure à la dépense; il faudrait donc ne pas laisser cumuler une aussi forte somme; et il me semble qu'il serait convenable, aussitôt que la puissance de l'intérêt composé aurait produit un capital dont la rente serait de 44 millions, il serait convenable, dis-je, d'employer l'excédant de chaque année à solder des travaux d'intérêt public. Or c'est pendant la douzième année que la rente sera parvenue à 44 millions (1).

Cet immense excès de la recette sur la dépense donne toute sécurité, et peut faire face à toutes les erreurs commises dans les suppositions que nous avons été obligé de faire.

Ainsi, par exemple, si, au lieu de 60,000 donations,

---

(1) Le projet établit que la totalité des rentrées provenant des donations, travaux publics, etc., sera versée à la caisse des dépôts et consignations en accroissement des fonds de cette caisse déjà destinés aux travaux d'utilité publique, pourvu que l'équivalent de ces versements soit versé en rentes de l'état déjà rachetées au fonds dotal de l'armée. On pourrait dire *les travaux publics ou l'amortissement de la dette selon les dispositions annuelles de la loi des finances*. Il n'y aurait ainsi d'excédant qu'à l'époque où le fonds dotal de l'armée aurait atteint sa limite légale, et ce serait encore la loi des finances qui en disposerait. Le projet suppose en outre que le produit net des travaux de la réserve, évalué à 30 millions au moins, sera versé, comme celui des donations, à la caisse des dépôts et consignations.

il ne s'en trouvait que 30,000, les 30 millions annuels qu'elles produiraient donneraient une rente de 44 millions dans le courant de la dix-neuvième année.

Et s'il n'y avait que vingt mille hommes donnant 20 millions, les 44 millions seraient produits pendant la vingt-quatrième année.

On voit donc que la partie financière du projet ne laisse rien à désirer, qu'il y a une supériorité très grande des recettes sur les dépenses.

La partie aride des chiffres étant épuisée, je crois devoir ajouter quelques réflexions sur le projet.

On remarquera la facilité avec laquelle il se prête à toutes les combinaisons.

Trouvez-vous que la réserve est trop forte à six cent mille hommes, diminuez le minimum de 800 fr., portez-le à 600 fr., la réserve diminuera.

Entre-t-il trop d'individus dans l'armée active, portez à douze ans le temps de service, et ce nombre sera réduit.

N'en entre-t-il pas assez, portez le service à neuf ans; et comme vous avez beaucoup d'argent, augmentez ou diminuez la quotité des retraites, vous augmenterez ou diminuerez le nombre des rengagements.

Un père de famille qui veut aujourd'hui exempter son fils paie une somme de 1,600 fr., et répond pendant un an de la présence du remplaçant sous les drapeaux. Personne n'ignore les difficultés qu'on éprouve à se procurer l'homme qui se vend ou qui vend son temps.

Par le projet de loi tout serait simplifié. On verserait au trésor la donation légale, et tout serait fini.

Le service de la réserve sera facile et de peu de durée.

Les travaux de terrassement peuvent répugner à quelques individus : ils seront autorisés à se faire remplacer à ces travaux ou à s'en exempter en payant une somme égale à la valeur de la journée de terrassier, et même moins élevée.

L'armée actuelle se compose de 360 mille hommes, dont un septième de jeunes soldats qui ne savent rien du métier des armes. Il y a en réserve 140 mille hommes qui attendent l'appel dans leurs foyers et qui aussi n'ont aucune instruction. Cela fait 500 mille hommes, dont 200 mille recrues. En vérité, c'est là une bien faible armée pour un état comme la France, qui peut d'un jour à l'autre avoir à soutenir une guerre contre toutes les puissances.

Cette position n'est pas tolérable, et il me paraît urgent d'en sortir au plus tôt.

Par le nouveau projet nous aurions une armée active de 360 mille hommes, dont 35 mille recrues seulement;

600 mille hommes de la réserve, dont les quatre cinquièmes auraient une instruction suffisante pour pouvoir être incorporés dans les régiments de l'armée.

L'armée serait donc de 960 mille hommes, près du double de l'armée actuelle, et non seulement elle serait doublée, mais elle serait meilleure, parce que plusieurs de ses soldats auraient embrassé le métier des armes volontairement, et qu'il n'y aurait plus de remplaçants.

Et cette armée de 960 mille hommes ne coûterait pas plus à l'état que celle que nous avons ! Et la réserve, plus nombreuse, serait mieux instruite et mieux disciplinée; elle aurait bientôt construit les chemins de fer qui nous manquent. Ceux-ci, sous le rapport défensif, doubleraient, au moins, les forces de notre pays. Nous pourrions porter dans très peu de temps nos armées du centre à la circonférence, d'une frontière à la frontière opposée. Napoléon avait senti cette nécessité quand il faisait voyager ses troupes en poste. Ces chemins, si favorables à la défense, seraient inutiles à l'ennemi s'il essayait de pénétrer en France, car ils sont faciles à couper, plus faciles même que les grandes routes ordinaires. Enfin on sait que, pour se servir de ces chemins, il faut des wagons et des locomotives, et il faudrait long-temps à l'étranger pour s'en procurer.

En résumé, le projet de loi me paraît être une heureuse conception; il donnerait à l'armée un éclat inouï; sa composition serait meilleure; elle serait débarrassée des remplaçants, qui n'en font que la cinquième partie, et qui occupent plus les conseils de guerre et de discipline que les quatre autres.

Ainsi la moralité des troupes y gagnerait, les travaux de la réserve y seraient considérables, la France en serait sillonnée. L'armée actuelle ne produit rien; en employant, comme nous venons de le dire, la réserve aux constructions des chemins de fer, on augmenterait les forces défensives de la France : car ces chemins sont des routes stratégiques bien autrement importantes que celles de la Vendée.

Aucune organisation militaire étrangère ne me paraît comparable à celle-ci.

Si la France en prend l'initiative, elle y trouvera force et gloire, car ses voisins l'imiteront; et comme cette organisation est plus défensive qu'offensive, elle serait toute à l'avantage du faible contre le fort; les années de guerre seraient diminuées, et l'humanité reconnaissante bénirait l'auteur du projet de loi.

A......, le 27 novembre 1839.

Le Colonel d'artillerie de la marine, Commandeur de la Légion-d'Honneur,

JURE.

Une Note.

Un coup d'œil sur l'administration départementale qui a essentiellement aidé à l'élaboration du projet qui précède peut avoir son utilité pour les hommes pratiques.

C'est quelque chose que des faits accomplis, en cette matière comme en bien d'autres.

La division du travail, et ce travail dirigé par une force unique et par le concours de plusieurs forces centralisées ;

La puissance productive des travailleurs disséminés sur tout un territoire, et concourant à un but d'utilité générale, en même temps qu'ils accomplissent une tâche d'intérêt local ;

Tout un système de communications par conséquent coordonné d'avance, et conciliant des intérêts purement communaux avec les principaux intérêts agricoles, industriels et commerciaux du pays;

Les dépenses improductives amoindries, et l'accroissement de celles qui doivent concourir au bien-être moral et matériel des populations;

Le crédit lui-même mis en œuvre dans ce but, et appliqué à la production;

Tels ont été les principes suivis dans cette administration où, depuis sept ans déjà, sont mis en œuvre, sur une échelle infiniment réduite, ces mêmes éléments de production et de force que le projet dont il s'agit aurait pour but d'employer dans l'intérêt de la prépondérance politique et de la prospérité matérielle de la France.

Ce que le projet doit rendre possible par l'armée, l'administration au sein de laquelle il est né avait eu la pensée, dès l'année 1832, de le réaliser par le concours des bataillons ruraux de gardes nationales.

On verra bientôt comment de cette pensée première a découlé celle du projet, et comment l'emploi des prestations en nature, et les résultats qui en ont été obtenus en travaux de terrassements et de chaussées, ont révélé la puissance de l'action administrative exploitant la division du travail, et l'appliquant aux travaux publics.

Comme pour toute la France, en y faisant coopérer la réserve de tous les départements, pourrait s'exécuter un système général de communications par terre ou par eau, en lignes de chaussées ou de chemins de fer, le département dont il s'agit a conçu son système de vicinalisation de manière à y intéresser toutes les communes du département, à les y faire coopérer toutes, en conséquence, par leurs centimes ou leurs prestations en nature, ou par les deux ressources simultanément; de manière aussi à pouvoir placer immédiatement sous la direction de l'autorité supérieure toutes les grandes lignes qui devaient servir de base au système, et à coordonner celles-ci non seulement avec l'intérêt communal et départemental proprement dit, mais avec les communications de toute nature qui, des départements voisins, se dirigent ou peuvent se diriger sur lui; de manière enfin à comprendre le plus de chemins vicinaux possible dans ces grandes lignes dont la bonne exécution était assurée, et à les rapprocher assez des communes non traversées pour que celles-ci puissent s'y embrancher successivement sans effort, et avec les ressources spéciales réservées par la loi à la petite vicinalité. N'est-ce pas là aussi améliorer toute la petite vicinalité en même temps, en réduisant au plus petit trajet possible, sur de mauvais chemins, tous les transports qui ne doivent pas nécessairement se terminer dans l'enceinte de la commune? Si le personnel des agents nécessaires pour la bonne exécution de 10 mille lieues de chemins de grande communication est et sera long-temps encore insuffisant, comment suffirait-il aux 172 mille lieues de la petite vicinalité, qui se trouvent d'ailleurs placées sous la direction et l'autorité de nos 30 mille maires ruraux? Les petits chemins les plus importants dans chaque commune, et ceux surtout qui s'embranchent aux grandes lignes, sont d'ailleurs simultanément réparés.

Le système des chemins de grande communication s'est donc étendu dans ce département à 1 million 200 mille mètres de chaussées sur 32 lignes traversant le territoire de 359 communes, sur 453 dont le département se compose.

Le classement du conseil général a soustrait ainsi, dès le premier jour, l'œuvre entière aux prétentions successives et capricieuses de l'intérêt particulier. Aucun autre chemin ne sera classé, que tous ceux qui le sont ne soient achevés.

Si le crédit qui a déjà servi à l'exécution du système sans aucun accroissement de l'impôt extraordinaire vient encore à son secours, tous les ateliers de prestataires organisés dans chaque commune peuvent être employés à la fois, et, dans 6 ans, les 32 lignes seront achevées.

Si les ressources ordinaires, y compris la subvention du département, doivent seules y être employées, chaque ligne sera suivie de manière à ajouter, chaque année, un degré d'intérêt communal à celui qui aura été atteint l'année précédente, et on évitera de trop multiplier les petites parties de chaussées non susceptibles d'être mises à l'entretien au fur et à mesure de leur excécution.

Quant au conseil général du département, il a admirablement compris cette administration, et l'a constamment et énergiquement secondée.

Dès l'année 1834, il y appliqua un emprunt de 1,500,000 fr. — En 1838, il prit l'initiative d'un second emprunt de même somme, qui ne put être converti en loi cette année. — En 1839, l'administration a proposé et obtenu à une grande majorité un emprunt beaucoup moins considérable, qui doit toujours se réaliser, à la vérité, sans accroître le chiffre de 4 centimes extraordinaires que paie ce département en vertu d'une loi.

En attendant, 500 mille mètres ou 125 lieues de ces chemins sont exécutés, et près de 100 lieues livrées à la circulation, et en bon état d'entretien.

Ces chemins sont exécutés en tracés réguliers et sur des pentes réduites au maximum de 6 pour cent, à l'aide de 2,000,000 mètres cubes de terrassements opérés avant l'exécution des chaussées.

La largeur de ces chemins est de 8 mètres entre fossés, dont 4 de chaussée et 4 d'accotements, pour les derniers 450,000 mètres exécutés;

L'épaisseur des chaussées de 30 à 35 centimètres en plusieurs couches.

13 procès-verbaux annexés à l'inspection qui en a été faite par un inspecteur divisionnaire des ponts et chaussées attestent ces conditions et autres d'un bon conditionnement des travaux.

Le concours des populations à ce résultat s'exprime par 242 hectares de terrain cédés gratuitement sur les 250 qui ont été occupés par la nouvelle assiette de ces chemins.

Le prix en est revenu à 4 fr. 43 c. le mètre en moyenne, lorsque, par marchés ou en régie, les travaux étaient presque entièrement exécutés par des ouvriers rétribués.

Depuis que les prestataires y contribuent pour plus de la moitié et presque les deux tiers, l'évaluation de leur journée se faisant sur le pied de 1 fr. seulement, en moyenne, d'après le tarif du conseil général, la moyenne du mètre courant est tombée au dessous de 3 fr. Mais il ne faut voir là, comme dans le projet proposé, que le résultat d'un prix de main-d'œuvre que l'administration évalue comme elle l'entend, lorsqu'en réalité elle ne paie pas le prix.

Les mêmes travaux coûtent 8 et 9 fr. le mètre en routes départementales, non compris la valeur des terrains, qui élève ce prix à 10 et 12 fr.; témoin les routes stratégiques, qui n'ont été construites cependant que sur 6 mètres de largeur, et avec des épaisseurs de chaussée qui n'excèdent pas 25 centimètres. (Voir le rapport de M. Allard, session de 1838.)

C'est surtout depuis que la loi du 21 mai 1836 a permis aux administrations locales de rendre les prestations en nature obligatoires, et d'en obtenir, par leur activité et leur surveillance, une valeur quelquefois supérieure et souvent égale à celle des journées salariées, que l'administration dont il s'agit a pu mesurer sur une grande échelle la portée de ce nouvel élement de travail.

Sur près de 100 communes, 153 mille journées de toute nature, combinées avec 47 mille journées de terrassiers salariés, et dirigés par des piqueurs exercés, sous la direction et la surveillance des agents voyers, ont produit en un an 52 mille mètres de chaussées, avec accotements et fossés, et y compris 150 mille mètres cubes de terrassements en toutes sortes de terrains pour l'adoucissement des pentes.

On peut évaluer, sur cette donnée, ce que produiraient en constructions de chaussées ou en terrassements les millions de journées qu'il serait possible de combiner, d'après le projet et dans la même proportion, avec des journées d'ouvriers salariés.

Ces détails ont leur intérêt pour l'exposé qui précède : car il est surtout essentiel qu'on soit bien pénétré de la possibilité d'obtenir des travaux importants de cette nature par une régie administrative et avec des ouvriers non rétribués.

Peut-être est-il aussi utile d'ajouter que, loin d'absorber dans une telle œuvre toutes les facultés du département, l'administration dont il s'agit n'ajoutait pas un centime aux seuls 4 centimes extraordinaires que le département, avant 1830, payait déjà en vertu d'une loi; qu'elle faisait exécuter en même temps par les ponts et chaussées 200,000 mètres de routes royales et départementales; qu'elle affectait en outre, et affecte toujours, 30 à 40,000 fr. chaque année, non compris ce que lui coûte l'instruction primaire, à tous les autres éléments d'amélioration et de progrès; qu'elle a fondé depuis près de trois années déjà une institution cantonnale de comices agricoles; qu'elle possède depuis bientôt deux ans son école pratique d'agriculture, entretenue en partie par les comices eux-mêmes ; qu'elle a éteint sur quelques points et sensiblement affaibli sur d'autres le fléau de la mendicité ; qu'elle a rendu une famille à 800 enfants trouvés, sur les 1600 qui étaient à la charge du département ; qu'elle y a obtenu, par la propagation de la vaccine, d'en faire disparaître la petite vérole ; qu'elle a fait élever sur le point culminant du chef-lieu les eaux du fleuve, qui coulent à 80 mètres au dessous ;

En un mot, qu'en faisant des chemins elle s'est efforcée de faire de l'instruction primaire, de l'agriculture, du commerce, de l'industrie, de l'ordre, du dévoûment à la Charte et à la Royauté de juillet ; toutes choses que le système proposé permettrait de réaliser pour le pays tout entier sans accroître non plus d'un centime le chiffre actuel de ses dépenses, et en lui apportant, au contraire, un nouvel élément de revenu et des possibilités d'économie.

Elle aurait donc fait de l'*armée* aussi, c'est-à-dire de l'indépendance et de la dignité nationales, si l'*idée* née de ses travaux allait être jugée aussi applicable que le lui font espérer déjà les nobles encouragements qu'elle a reçus.